SITZUNGSBERICHTE DER DEUTSCHEN AKADEMIE
DER WISSENSCHAFTEN ZU BERLIN

*Klasse für Philosophie, Geschichte, Staats-, Rechts-
und Wirtschaftswissenschaften
Jahrgang 1967 • Nr. 7*

HELMUT KOZIOLEK

ZUR VOLKSWIRTSCHAFTLICHEN BESTIMMUNG DER PLANANSÄTZE

AKADEMIE-VERLAG • BERLIN
1967

Vortrag gehalten von Herrn KOZIOLEK in der Sitzung der Klasse
für Philosophie, Geschichte, Staats-, Rechts- und Wirtschaftswissenschaften am 10. März 1966

Zum Druck genehmigt am 8. 2. 67, ausgegeben am 9. 5. 67

Erschienen im Akademie-Verlag GmbH, 108 Berlin, Leipziger Straße 3–4

Lizenznummer: 202 · 100/217/67
Herstellung: IV/2/14 VEB Werkdruck, 445 Gräfenhainichen · 2819
Bestellnummer: 2010/67/VI/7 · ES 5 B 3
1.60

Die konsequente Durchführung der wissenschaftlich-technischen Revolution erfordert ein neues, auf Wissenschaft, Technik und Ökonomie bedingungslos eingestelltes Planungs- und Leitungssystem, in welchem der Bilanzierung als Kernstück der Methode der sozialistischen Volkswirtschaftsplanung erhebliche Bedeutung beizumessen ist. Diese Frage wurde auf der 11. Tagung des ZK der SED besonders hervorgehoben.

Die wichtigste Aufgabe der Bilanzierung besteht ohne Zweifel darin, ausgehend von den Hauptrichtungen von Wissenschaft und Technik, eine solche Proportionierung und Optimierung des volkswirtschaftlichen Gesamtprozesses zu sichern, die die höchstmögliche Effektivität gewährleisten. Kriterium des Niveaus der Bilanzmethode ist folglich ihr Einfluß auf die Erhöhung der Effektivität der sozialistischen Volkswirtschaft.

Natürlich geht es letzten Endes um die Hebung des Volkswohlstandes. Aber gerade zur Erzielung eines langfristigen stabilen Konsumtionszuwachses im weiteren Sinne des Wortes müssen wir uns bei der Bestimmung der volkswirtschaftlichen Planansätze vor allem von den Möglichkeiten leiten lassen, die sich aus dem langfristigen stabilen und höchstmöglichen Zuwachs des realen Nationaleinkommens ergeben. Der Nationaleinkommenszuwachs ist unter bestimmten Voraussetzungen als Zielfunktion geeignet, weil er sowohl die Bedingungen künftigen Wirtschaftswachstums wesentlich umfaßt wie auch die gegenwärtige Möglichkeit der Konsumsteigerung.

Bei der Planung und Leitung der Volkswirtschaft zur Sicherung eines hohen Nationaleinkommenszuwachses kommt den modernen Formen der Bilanzierung große Bedeutung zu. Die günstigste volkswirtschaftliche Entwicklung läßt sich nur unter Beachtung aller wesentlichen volkswirtschaftlichen Beziehungen ermitteln, wozu unter anderem ein volkswirtschaftliches Bilanzmodell und ein ganzes System von Teilverflechtungsbilanzen, das die Teiloptimierung einschließen muß, notwendig sind.

HELMUT KOZIOLEK

I. Anforderung an eine moderne Bilanzierung bei intensiver Reproduktion

Ein modernes Bilanzsystem muß — soll eine höhere Qualität bei der Planung und Leitung des sozialistischen Reproduktionsprozesses unter den Bedingungen der wissenschaftlich-technischen Revolution erreicht werden — mindestens folgende Aufgaben lösen:

1. Es müssen die grundlegenden effektivitäts- und strukturbestimmenden Prozesse, die das langfristige dynamische Gleichgewicht des Reproduktionsprozesses bestimmen, erfaßt werden. Dabei ist das dynamische Gleichgewicht der Volkswirtschaft bzw. der Prozeß seiner Herstellung grundsätzlich auf der Basis des realen Nationaleinkommenszuwachses zu betrachten.

Von der Größe, der Struktur und der Effektivität dieses Zuwachses hängt es vor allem ab, ob die für die Ausschöpfung der potentiellen Möglichkeiten der modernen Forschungsergebnisse auf naturwissenschaftlich-technischem Gebiet erforderliche kritische Akkumulationsmasse zur Verfügung gestellt werden kann, wodurch die Effektivität der Volkswirtschaft in künftigen Perioden bestimmt wird. Auf der Grundlage dieser Akkumulationsmasse müssen die optimalen Varianten von Forschungs-, Bildungs- und materiellen Investitionen so bilanziert werden, daß mit möglichst großer Sicherheit der höchstmögliche volkswirtschaftliche Nutzen erzielt wird. Die Effektivität der gegebenen Akkumulation wird unter den Bedingungen der wissenschaftlich-technischen Revolution zum umfassenden Ausdruck für die Effektivität des gesamten Produktionsprozesses und damit zum Kernproblem der Dynamik der Reproduktion. Hierbei spielt der Zeitfaktor und seine bilanzmäßige Beherrschung, insbesondere in der Periode der vorwiegend intensiven Reproduktion eine immer größere Rolle.

Auf der Grundlage der enormen Beschleunigung des Entwicklungstempos der Wissenschaft und der Verkürzung der Zeitspanne bis zur Realisierung neuer Forschungsergebnisse in der Produktion erhalten die Probleme des Zeitgewinns eine qualitativ neue, bestimmende Rolle für die Effektivität der erweiterten Reproduktion. Alle für den technischen Fortschritt wesentlichen Elemente, ob neue Forschungsergebnisse, neue Erzeugnisse oder Technologien, unterliegen einem wesentlichen moralischen Verschleiß. Daher wird die Zeit, sowohl der Zeitgewinn als auch die zeitliche Verzögerung, immer mehr zur selbständigen ökonomischen Potenz, die darüber entscheidet, mit welchem Nutzeffekt das volkswirtschaftliche Endprodukt bei Investitionen, beim Export und bei der Konsumtion realisiert und verwendet wird.

Die zeitliche Proportionierung der verschiedenen Stufen, von der Forschung über die Investitionen, die Produktion bis zum Absatz, und — bei produktiver Konsumtion innerhalb der eigenen Volkswirtschaft — die Fortsetzung dieses Prozesses über die nächsten Produktionsstufen, wird immer mehr zu einem Grundproblem der Beherrschung des Gesetzes der planmäßigen proportionalen Entwicklung im Sinn des höchsten volkswirtschaftlichen Nutzeffekts. Dasselbe betrifft die exakte zeitliche Koordinierung der vielfältigen Teilprozesse bei der Durchführung komplexer volkswirtschaftlicher Aufgaben, wie z. B. großer Forschungs- und Entwicklungsvorhaben, Investitionen, Herstellung neuer Erzeugnisse usw. Hiervon wird der Zeitgewinn bei der Realisierung des Gesamtprozesses bestimmt, und das ist auch letztlich für den volkswirtschaftlichen Nutzeffekt entscheidend.

Der Zeitpunkt, wann ein Nationaleinkommenszuwachs bestimmter Größe und Struktur eintritt, beeinflußt unmittelbar seinen Effekt. Die Bilanzierung muß sowohl die Auswirkungen der möglichen Entwicklungslinien als auch, als Kontrollinstrument, die Abweichungen der tatsächlichen Entwicklung vom Plan hinsichtlich der Größe, der Struktur und des Zeitpunktes des Nationaleinkommenszuwachses mit ihren Konsequenzen für die Investitions-, Konsumtions- und Außenwirtschaftspolitik sichtbar machen. Schließlich erfordert die Schaffung eines dynamischen Gleichgewichts eine rationelle Bestandswirtschaft. Sie spielt im Mechanismus des Gesamtprozesses einer modernen industrieexpansiven Volkswirtschaft eine erhebliche Rolle bei der Sicherung der Fähigkeit der Volkswirtschaft, auf Veränderungen der Produktionstechnik und des Marktes schnell zu reagieren und sonstige Störeinflüsse innerhalb der Verflechtungsbeziehungen abzufangen.

2. Der zweite Gesichtspunkt, der zum Teil in der soeben behandelten Frage enthalten ist, besteht in der Leistungsfähigkeit des Bilanzsystems bei der Vorbereitung und der Beherrschung grundlegender Entscheidungen der Wirtschaftspolitik durch die Leitungsorgane. Ohne behaupten zu wollen, daß diese Definition ausreichend ist, gliedert sich die Wirtschaftspolitik vor allem in die eng miteinander verflochtenen Linien der Investitionspolitik, einschließlich des Ansatzes für Forschung, Entwicklung und Bildung, der Konsumtionspolitik und der den Gesamtprozeß stark beeinflussenden Außenwirtschaftspolitik. Dabei ist die Struktur der Volkswirtschaft in ihrer Vielschichtigkeit Voraussetzung und Folge dieser Linien der Wirtschaftspolitik. In der Investitionspolitik ist das Kernproblem, die Investitionen als Prozeß und nicht lediglich als Verwendungsposition eines Endprodukts zu betrachten. Es geht um den optimalen Investitionseinsatz, wofür als Maßstab nur die Menge, die Effektivität und die Realisierungsfähigkeit der neuen Endprodukte in Frage kommen. Durch die Bilanzierung muß man also nicht

nur die Verteilung der Investitionen auf die Zweige und ihr zeitliches Wirksamwerden berechnen, sondern auch eine klare Vorstellung über die Resultate gewinnen und darauf achten, daß die sich daraus ergebenden Auswirkungen auf weitere Investitionen, die Konsumtion und den Außenhandel bilanzmäßig fixiert werden.

In der Konsumtionspolitik wird daran gearbeitet, die perspektivischen Linien der Entwicklung des Lebensstandards auf der Grundlage der Produktionsentwicklung in der Konsumgüterindustrie, der Landwirtschaft und der Entwicklung der Dienstleistungssektoren bilanzmäßig zu erfassen. Dabei spielt die Effektivität der Konsumtion, die auch mit der Effektivität der anderen Glieder des Reproduktionsprozesses verflochten ist, eine hervorragende Rolle.

Schließlich muß das Bilanzsystem auf eine langfristige Export- und Importpolitik ausgerichtet sein. Das bedingt im Export zugleich eine klare Orientierung auf jene Erzeugnislinien, die bei der Ausbilanzierung mit dem Binnenmarkt hinsichtlich des technischen Niveaus, der Qualität, der Kosten und der möglichen Produktionsmenge zu entscheidenden Faktoren einer aktiven Exportpolitik der DDR entwickelt werden können.

3. Der dritte Gesichtspunkt hinsichtlich der Anforderungen an eine moderne Bilanzierung ist der Einfluß auf die rationellste und effektivste Nutzung der gegebenen Produktionsbedingungen. Im Prinzip geht es um die optimale Verteilung der verfügbaren Reproduktionsbedingungen. Das Bilanzsystem muß hierfür die Grundlage sein, Engpässe signalisieren und aktiv Effektivitätsreserven aufdecken. Es muß die Auswirkungen zeigen, die sich aus der Überwindung von Engpässen durch Erweiterung von Kapazitäten, durch Auflockerung der Begrenzung für Defizitmaterialien u. a. m. für die volkswirtschaftliche Effektivität ergeben, und es muß zeigen, wie begrenzt vorhandene Reproduktionsbedingungen am effektivsten neu verteilt werden können. Mit anderen Worten, es geht bei alledem um eine aktivere Rolle der volkswirtschaftlichen Bilanzierung. Natürlich ist dies immer unter Einschluß der Optimierungsrechnung zur effektivsten Gestaltung der sozialistischen Volkswirtschaft durch exakte, auf Varianten basierender Ausbilanzierung von Aufwand und Ertrag zu verstehen.

Die richtige Steuerung der Planungsarbeit erfordert ständig Entscheidungen, die die volkswirtschaftliche Proportionalität sichern müssen und deren Nutzen berechnet werden muß. Es muß gelingen, durch gezielte, eng mit der Praxis verbundene Forschungsarbeiten die Bilanzen aus einem Mittel, das vorwiegend bestimmte Proportionen darstellt, zu einem Instrument der Entscheidungsvorbereitung, das heißt der Varianten- und Entscheidungsrechnung zu machen. Das Arbeiten mit den Bilanzen, das

Rechnen bei der Wirtschaftsführung, muß in den wirtschaftsleitenden Organen eine hervorragende Rolle spielen. Die höhere Effektivität des Planungssystems, das wir zur Zeit gestalten, besteht letztlich darin, es uns zu ermöglichen, Forschungsmittel, Investitionen, Arbeitskräfte u. a. m. so einzusetzen, daß das in der Vorausschau angestrebte Endprodukt mit dem geringstmöglichen Zeit- und Kostenaufwand produziert wird.

II. Die zentralen Ansatzpunkte der Wirtschaftspolitik im einzelnen

Zur Wissenschaftspolitik

Kaum mehr wird noch bestritten, daß der wachsende Forschungs- und Entwicklungsaufwand, der zunächst Verzehr von Nationaleinkommen bedeutet, vom Standpunkt der Rückkopplung bei richtiger Nutzung zugleich einer der wesentlichsten Faktoren des Wachstums der Volkswirtschaft ist.

Der 1. Sekretär des Zentralkomitees der SED, Walter Ulbricht, formuliert diesen Gedanken auf der 9. Tagung des ZK der SED wie folgt: „Der Ausgangspunkt unserer Planung und Wirtschaftspolitik ist die Erkenntnis, *daß die Wissenschaft zu einer Produktivkraft geworden ist und von ihrer Entwicklung und der schnellen Überführung ihrer Erzeugnisse in die Praxis die erfolgreiche Durchführung der technischen Revolution, der Lebensstandard des Volkes und die Stärke der sozialistischen Gesellschaft abhängen.*“ [1] Dieses Ziel kann nur durch Erhöhung der Produktivität und Effektivität in unserer wirtschaftlichen Entwicklung erreicht werden, die letztlich im langfristigen realen Nationaleinkommenszuwachs zum Ausdruck kommen. Grundlegende Bedingung einer solchen Entwicklung ist die Durchführung der wissenschaftlich-technischen Revolution in unserer Republik. Die unmittelbare Konsequenz besteht in der vorrangigen Entwicklung derjenigen Zweige der Volkswirtschaft, die entscheidend sind für die Verwirklichung des wissenschaftlich-technischen Fortschritts. Bei der Ausarbeitung des Perspektivplanes für die Zeit bis 1970 kommt der Entwicklung der Wissenschaften vorrangige Bedeutung zu, denn die Ergebnisse der Forschung von heute bestimmen das Niveau und die Effektivität der Produktion von morgen.

Folgende Gesichtspunkte sind es vor allem, die den Einfluß der Forschung und Entwicklung auf die ökonomische Entwicklung kennzeichnen:

– Die Forschung und Entwicklung wird in steter Wechselwirkung mit den Investitionen, der Bildungsökonomie, ihrer Ausnutzung und Applikation in

[1] Walter Ulbricht, „Zum neuen ökonomischen System der Planung und Leitung“, Dietz Verlag, Berlin 1966, S. 590

der Produktion zum entscheidenden Produktivitätsfaktor, zum Multiplikator der Effektivität der Volkswirtschaft.

– Forschung und Entwicklung führen zu einer *Revolutionierung der Produktionsstruktur.* Das zeigt sich vor allem in der raschen Entwicklung forschungsintensiver Zweige. Gerade diese Entwicklungstendenz muß ein Plan, der proportioniert und effektiv zugleich ist, bewältigen. Dies erfordert eine höhere Qualität der Perspektivplanung.

– Wissenschaft und Forschung führen in ihrer Expansion von heute zu einer Umbewertung der Zeitmaßstäbe im wirtschaftlichen Denken.

Wissenschaft als unmittelbare Produktivkraft schließt ein, daß wir die Mittel zur Durchführung der Forschungsarbeiten als echte Investitionen betrachten. Es geht hierbei nicht etwa nur um eine gewissermaßen moralische oder kategorienmäßige „Aufwertung" der Mittel, die die Gesellschaft für die Entwicklung von Forschung und Technik einsetzt. Es geht vielmehr darum, diese Mittel nicht nur als Mittel zur Befriedigung kultureller oder ethischer Bedürfnisse schlechthin anzusehen, extrem gesprochen, als Mittel der „unproduktiven gesellschaftlichen Konsumtion". (Selbstverständlich gilt auch weiterhin, daß die naturwissenschaftliche und technische Forschung durch die Mehrung der wissenschaftlichen Kenntnisse unseres Volkes auch zur Erhöhung des Niveaus und der Größe des kulturellen Reichtums der sozialistischen Gesellschaft beiträgt.)

Eine so aufgefaßte Begriffsbestimmung der Forschungsmittel als Investitionen von heute für die Produktion – und damit den Verbrauch – von morgen erfordert zugleich eine neue Qualität bei der Entscheidung über den Einsatz dieser Mittel. Die Vorbereitungsphasen zur Erweiterung der Produktion beginnen nicht erst bei der Berechnung und Festlegung der zu schaffenden Produktionsobjekte, sondern bereits beim Entscheid über die einzuschlagenden Forschungsrichtungen und die Verteilung der dazu erforderlichen Mittel.

Wir müssen bereits in dieser Phase dem Prinzip nüchternen kaufmännischen Denkens und Handelns in der Praxis zum Durchbruch verhelfen, indem wir den „Finger auf jeden Posten legen und fragen", wieviel Mark und zu welchem Zeitpunkt jene Mark der Gesellschaft Nutzen bringt, die sie heute für die Forschung und Technik aufwendet.

Wir müssen uns darüber im klaren sein, daß dem Gesetz der Ökonomie der Zeit nur dann voll Rechnung getragen wird, wenn wir den Reproduktionsprozeß und besonders die wissenschaftlich-technischen Vorbereitungsphasen voll auf Zeitgewinn ausrichten. Es scheint auch nicht richtig zu sein, daß die Forderung nach Schaffung eines wissenschaftlichen Vorlaufs so ausgelegt wird, daß sich die Forschungsinstitute einseitig stärker der

Grundlagenforschung zuwenden und jegliche Forschung als echte Vorlaufsarbeit anerkannt wird. Der Vorlauf wird doch erst dann produktionswirksam, wenn er von der Grundlagenforschung bis zur Überleitung in die Produktion alle Phasen der Forschungs- und Entwicklungsarbeit einschließt. Gegenwärtig kommt es besonders darauf an, die erzeugnis- und verfahrensbezogene Forschung zu forcieren, um den Rückstand zum Welthöchststand, der noch bei einer Vielzahl unserer Erzeugnisse existiert, aufzuholen und für die wichtigsten, exportintensiven Erzeugnisse internationales Spitzenniveau zu erreichen. Deshalb kann auch nur die Forschung als echte Vorlaufsarbeit anerkannt werden, die uns zum wissenschaftlich-technischen Höchststand führt, d. h. deren Ergebnisse über das bisherige internationale technisch-ökonomische Niveau hinausgehen. Es geht uns auch nicht darum, irgendeinen wissenschaftlichen Vorlauf zu schaffen. Der Vorlauf muß voll auf die Erfordernisse unserer nationalen Wirtschaft ausgerichtet sein. Klare Vorstellungen von der Profilierung der Volkswirtschaft und ihrer einzelnen Zweige sind deshalb eine wichtige Grundlage, um die Forschungsinstitute zielgerichtet auf die volkswirtschaftlichen Schwerpunkte zu konzentrieren.

Zur Investitionspolitik

1. Bei der Beantwortung dieser Frage muß man sich von den entscheidenden Faktoren leiten lassen, die das gesellschaftliche Gesamtprodukt — und darin eingeschlossen das Nationaleinkommen — strukturell und im Volumen gestalten. So gesehen, gewinnen die Investitionen entscheidendes Interesse für die Planung der Volkswirtschaft. Die Investitionen führen einerseits zur Intensivierung der Struktur der Grundmittel — dies geschieht vor allem durch Rationalisierungsinvestitionen — und andererseits zu einer Verbreiterung der Grundmittelstruktur.

Im Prozeß der wissenschaftlich-technischen Revolution nimmt die Bindung *akkumulierter Mittel in Grundfonds* aller materieller Bereiche der Volkswirtschaft, insbesondere in den Zweigen, die die materiellen Voraussetzungen für die wissenschaftlich-technische Revolution schaffen, rasch zu. Die wissenschaftlich-technische Revolution erfordert die Rationalisierung und Modernisierung, die Rekonstruktion der Grundfonds und bietet die Möglichkeit, den bereits vorhandenen Produktionsapparat, insbesondere Gebäude und Anlagen, stärker auszunutzen. Die wissenschaftlich-technische Revolution erfordert andererseits, dem moralischen Verschleiß von Grundmitteln Rechnung zu tragen und den Verzögerungseffekt zwischen der Mittelbildung und der Inbetriebnahme zu verkleinern.

Durch strukturelle Verbesserung, Einsparung an Arbeit, durch schnelles Wirksamwerden in der Produktion, kurzum durch Rationalisierung des Investitionsprozesses selbst kann mit einer gleichen Investitionsmasse ein höherer Nutzeffekt der Produktion erzielt werden, wenn die mannigfaltigen Mängel beseitigt werden, die oft noch im Investitionsprozeß auftreten. Gerade hierin liegt auch ein wesentliches Kennzeichen der komplexen sozialistischen Rationalisierung. Der Investitionsprozeß ist ein außerordentlich lebendiger Vorgang, in dem der Führungstätigkeit eine hervorragende Bedeutung zukommt.

2. Die Investitionen hängen in ihrer Höhe und Wirkung von folgenden Faktoren ab:

a) von der Größe und dem Niveau der Amortisation

Die Amortisation ist ein objektiver ökonomischer Prozeß, der mit der einfachen Reproduktion zusammenhängt. Dieser Prozeß ist in der Literatur oft entstellt worden. Es muß begriffen werden, daß es sich im Schnitt bei den Amortisationen und vor allem ihrer Realisierung nicht einfach um Ersatz handelt, insofern ist die einfache Reproduktion eine Fiktion. Sie erfordert als objektiver Prozeß in der Regel ebenfalls dem modernsten Stand entsprechende Reproduktionsmittel. Damit ist aber ein weiteres Problem verbunden:

In allen wesentlichen Betrieben unserer Produktion muß in der Tat dem moralischen Verschleiß entsprochen werden. So wird der Gefahr begegnet, daß volkswirtschaftlich Produktivitätsverluste auftreten, weil durch Verschlechterung der Altersstruktur der Arbeitsmittel ein relatives Zurückfallen gegenüber anderen hochentwickelten Industrieländern erfolgt. In der Literatur wird zwar auf die Bedeutung des moralischen Verschleißes verwiesen und es werden entsprechende Amortisationsnormen gefordert. In Wirklichkeit ist dies weniger ein Problem dieser Normen als vielmehr der Möglichkeit, die Amortisationen in Form moderner Produktionsmittel materiell zu realisieren.

Die Durchführung der komplexen sozialistischen Rationalisierung als wirtschaftspolitische Grundlinie erfordert prinzipiell eine sachlich und zeitlich effektiv taktierte Kooperation, sie schließt vor allem aber eine planmäßige und proportionierte Entwicklung der Produktion von Rationalisierungsmitteln ein, die die materiell-technische Grundlage für die komplexe sozialistische Rationalisierung in den Betrieben bilden. Eine langfristige Vernachlässigung des faktischen moralischen Verschleißes, der bei uns ohnehin durch Kriegs- und Spaltungsfolgen eingetreten ist, hat unbedingt im Gefolge, daß schließlich faktischer Ersatz aus dem Reineinkommen erfolgen muß.

Unter diesem prinzipiellen Aspekt muß u. a. auch die Orientierung auf der 11. Tagung des ZK der SED gesehen werden, einen erheblichen Teil der Investitionen für Zwecke der intensiven erweiterten Reproduktion zu verwenden. Es muß dabei vermerkt werden, daß die Grundmittelumbewertung diese Probleme nicht automatisch löst, jedoch bereits eine finanzielle Umverteilung zwischen Reineinkommen und Amortisationskosten in Richtung des wirklich objektiven Prozesses bewirkt. Wenn es gelingt, die entsprechende Übereinstimmung zwischen der Amortisation, die künftig in starkem Maße bei den VEB und VVB verbleibt, und einer entsprechenden materiellen Deckung im Rahmen von Rationalisierungsmaßnahmen durchzusetzen, dann wird das von Bedeutung für eine höhere Effektivität sein.

b) Die Investitionen hängen vor allem auch von der Größe und dem qualitativen Niveau des Reineinkommens ab, das nach Vollzug des Reproduktionsprozesses durch Produktionsmittel, insbesondere Arbeitsmittel, gedeckt ist. Hierbei muß beachtet werden, daß die Wirksamkeit der Neuinvestitionen (dies gilt gleichermaßen auch für die Ersatzinvestitionen) einerseits durch das Volumen und andererseits durch die Effektivität bestimmt werden. Der Effektivität gebührt unbedingt besondere Beachtung, weil sie das wissenschaftlich-technische Niveau der Investitionen verkörpert. Investverteuerungen infolge ungenügender Vorbereitung und Berechnung, Schwierigkeiten bei der Inbetriebnahme, ungenügendes wissenschaftlich-technisches Niveau etc. sind ernsthafte Hemmnisse, die zu Effektivitätsverlusten führen.

Bei der Festlegung der Hauptproportionen der künftigen Entwicklung ist die Erkenntnis der Rolle der Investitionen im Reproduktionsprozeß z. B. hinsichtlich der neu ausgelösten Strukturprobleme und der Durchführung der komplexen sozialistischen Rationalisierung etc. von ganz hervorragender Bedeutung: Investitionen dürfen im Prinzip nicht als eine Funktion der vergangenen Produktion betrachtet werden, obgleich ihr Niveau immer von der gegebenen Produktion abhängig ist. *Es ist eine Tatsache, daß man über Investitionen unter dem Blickwinkel der Zukunftserträge entscheiden muß.* Hier liegt auch der wesentliche Ansatzpunkt dafür, daß unbedingt qualifizierte ökonomische Berechnungen durchgeführt werden müssen. Wir müssen die erwarteten Zukunftserträge der Investitionen mit ihren Kosten vergleichen und so ihren Nutzen beurteilen, wobei wir die Absatzentwicklung in Rechnung stellen müssen.

Nutzensrechnungen von Investitionen stehen in einem engen Zusammenhang mit ihrer Verteilung auf die Zweige der Volkswirtschaft. Selbst unter Annahme von Preisen, die dem Wert angenähert sind, kann weder die Rentabilität des einzelnen Zweiges noch irgendeine maximale Steigerung des

Nationaleinkommens, sondern nur die maximale Steigerung der Differenz zwischen den verfügbaren Ressourcen und dem erzielten gesellschaftlichen Nutzeffekt in einem angenommenen längeren Zeitraum entscheidend sein (da es ja nicht um die Erzielung irgendeines Umfanges des Nationaleinkommens, sondern vor allem um eine bestimmte Struktur geht, von der aus die Gesellschaft immer weiter entwickelt werden kann). Deshalb kommt es auch auf einen *langfristigen* realen Nationaleinkommenszuwachs an.

1. Es kommt darauf an zu sehen, daß die Investitionen einerseits Abzug von Teilen des Gesamtproduktes bedeuten und zwar materiell und finanziell in Form von Maschinen, Rohstoffen, Konsumgütern. Die Gesellschaft muß genau die Auswirkungen dieses Vorganges einschätzen. Karl Marx schreibt dazu im II. Band des „Kapital": „Die Sache reduziert sich einfach darauf, daß die Gesellschaft im voraus berechnen muß, wieviel Arbeit, Produktionsmittel und Lebensmittel sie ohne irgendwelchen Abbruch auf Geschäftszweige verwenden kann, die, wie Bau von Eisenbahnen z. B., für längere Zeit, ein Jahr oder mehr, weder Produktionsmittel noch Lebensmittel, noch irgendeinen Nutzeffekt liefern, aber wohl Arbeit, Produktionsmittel und Lebensmittel der jährlichen Gesamtproduktion entziehen." [1]

Andererseits erwarten wir von den Investitionen entscheidende Auswirkungen auf die künftige Reproduktion der Gesellschaft. Dabei gibt es einen ganzen Komplex von Auswirkungen zu untersuchen: den Forschungsaufwand, die künftige Berufsstruktur, die Arbeitszeitentwicklung, die Absatzentwicklung und die Bedarfsstruktur. Die Perspektivplanung muß also vor allem eine qualifizierte Planung der Investitionen und ihrer Auswirkungen zum Inhalt haben.

2. Eine Grundvoraussetzung ist dafür, daß der Reproduktionsprozeß besser erfaßt wird. Oft wird zum Beispiel die Investition vor allem als ein Problem des Verwendungsstadiums des Gesamtproduktes betrachtet. Natürlich sind dies die Investitionen auch, aber die entscheidende Phase ist die Produktionsphase der Investitionen. Dort entscheidet sich ihr Volumen und ihr Niveau. Auf diesen Umstand weist schon Karl Marx hin. Das bedeutet, daß der Aussagewert der Material- und Ausrüstungsbilanzen erhöht werden muß.

3. Aus den Ausführungen zu 1. ist ersichtlich geworden, daß der Beginn einer Investition und ihr Nutzfaktor zeitlich auseinanderfallen. Unsere gesamte statistische und Planungsanalyse beachtet diesen Faktor zu wenig. Bedeutet das Stadium der Errichtung des Objektes schlechthin Verzehr von Arbeit, so bedeutet das Stadium des Wirksamwerdens produktiver In-

[1] Karl Marx, „Das Kapital", Dietz Verlag, Berlin 1965, Bd. II, S. 316 f.

vestionen Neuentstehung von Produkten, die der Realisierung über eine entsprechende Verteilungspolitik bedürfen. Dazu ist jedoch grundlegend Voraussetzung, daß wir nicht nur die jährliche Summe der Investitionen kennen, die verausgabt wird, sondern vor allem den jährlichen effektiven Kapazitätszuwachs und seine reale Nutzung.

Die Anwendung des Prinzips der Eigenerwirtschaftung der Mittel für die erweiterte Reproduktion sowie die Übergabe der Amortisationsmittel in die Verfügung der VEB und VVB zielt auf eine stimulierende Wirkung zur rationellen Erwirtschaftung und Verwendung der produktiven Fonds ab. Die VEB/VVB werden künftig über Art, Umfang und Terminierung der einzelnen Investitions- und Rationalisierungsmaßnahmen entscheiden. Die Kunst wird hier darin bestehen, durch richtiges Zusammenspiel von Zentrale, VVB und Betrieb grundlegende Strukturentscheidungen und Strukturentwicklung überhaupt durch rationellen Gesamteinsatz der produktiven Fonds in bestmögliche Übereinstimmung zu bringen.

4. Im Rahmen des neuen ökonomischen Systems der Planung und Leitung der Volkswirtschaft muß dem Zeitfaktor größte Aufmerksamkeit geschenkt werden. Den Zeitfaktor beachten, heißt unter anderem:

a) den kürzesten Weg von den Investitionen zu den neuen Erzeugnislinien zu finden,

b) damit vor allem auch den künftigen Bedarf nach bestimmten Erzeugnissen annähernd zu bestimmen,

c) die strukturverändernden Investitionen zu koordinieren.

5. Die Festlegung der Hauptproportionen der Volkswirtschaft und die Bestimmung der Hauptrichtung der Investitionen und ihre Verteilung bilden eine Einheit. Dabei wirken die Hauptinvestitionen als Katalysator zur Verwirklichung der Hauptproportionen. Die Orientierung auf die Investitionen als ein entscheidendes Instrument der Perspektivplanung bedeutet keinesfalls Unterschätzung der Masseninitiative, sondern bedingt sie. Ein erheblicher Teil unserer Werktätigen – Wissenschaftler, Ingenieure, Arbeiter und Angestellte – ist in der sogenannten Investitionsgüterindustrie beschäftigt. Von ihrer Arbeit, ihrer Kooperation, ihrer Qualifikation, von der Entwicklung einer effektivitätswirksamen Demokratie überhaupt, hängt vor allem die rasche Entwicklung unserer Volkswirtschaft ab. Um so bedauerlicher ist es, wenn häufig die ökonomische Beurteilung von Programmen, Investitionsvorhaben etc. verhältnismäßig oberflächlich ist. In der Verstärkung ihrer Gutachter- und Analysentätigkeit sehen wir ein wesentliches Feld der Arbeit der Wirtschaftstheorie und -praxis. Die dafür notwendige Zeit macht sich in der Regel vielfach bezahlt.

Zur Konsumtionspolitik

Einen weiteren Hauptansatzpunkt stellt der gesamte Komplex der Konsumtion bzw. des Lebensstandards dar.

1. Im Zusammenhang mit der genauen Einschätzung der Entwicklung des gesellschaftlichen Gesamtproduktes, vor allem des Nationaleinkommens, vor allem auch durch Einschätzung der Investitionsauswirkungen auf die Produktion von Konsumtionsmitteln in der gegebenen Periode, muß eine klare Konzeption für die Entwicklung der Lebensweise der Menschen existieren, wobei sowohl die traditionellen Elemente als auch ihre Überwindung durch neue Formen der Konsumtion zu berücksichtigen sind.

2. Auch hier ist ein Komplex von Aufgaben zu lösen:
Welche individuelle Einkommenspolitik soll betrieben werden? Welche Formen der gesellschaftlichen Konsumtion sollen gefördert werden? Eine prinzipielle Klarheit über solche Grundlinien, die zur Herausbildung einer sozialistischen Lebensweise führen müssen, ist entscheidende Voraussetzung bzw. Bestandteil für die Investitionspolitik bzw. den Inhalt der Konsumgüterproduktion. Dies setzt voraus, daß die Entwicklung der Konsumgüterproduktion als ein aktiver Prozeß der Veränderung der Lebensweise betrachtet wird.

3. Im Zusammenhang mit der Konsumtions- und Lebensstandardsentwicklung ergibt sich die Notwendigkeit einer klaren Konzeption für die Lohn- bzw. Einkommenspolitik überhaupt. Dazu wiederum ist es erforderlich

a) entsprechende Erzeugnisse zu produzieren und

b) die Zusammensetzung des konsumtionsfähigen Zuwachses des Nationaleinkommens relativ genau zu kennen.

Die Kenntnis der materiellen Struktur des Konsumtionsfonds und seiner planmäßigen Veränderungen ist Grundlage wirkungsvoller Einkommenspolitik. Die Steuerung der Einkommen entsprechend der materiellen Veränderungen und der Struktur des Produktes ist eine der wesentlichen Aufgaben zur Realisierung des Produktes.

4. Eine wesentliche Seite der Steuerung der Einkommen, insbesondere des Einkommenszuwachses, besteht im Durchsetzen des Prinzips der materiellen Interessiertheit. Dies bedeutet, daß die Ausarbeitung der Lohn- und Prämienpolitik im Zusammenhang mit dem konsumtionsfähigen Zuwachs des Produktes vorgenommen werden muß.

Der Hauptteil der Bedürfnisse für die individuelle Konsumtion offenbart sich in Form der zahlungsfähigen Nachfrage. Dies ist zwar unter sozialistischen Produktionsverhältnissen nicht mit dem Stand der Konsumtion und dem Wohlstand identisch, da viele diese Kategorien repräsentierende Seiten nicht über die zahlungsfähige Nachfrage geregelt sind. Dennoch aber bildet die zahlungsfähige Nachfrage der Bevölkerung einen wichtigen Ausgangspunkt für die Planung der Produktion und Konsumtion. Der Hauptteil des Warenfonds wird in der individuellen Konsumtion realisiert. 1964 entfiel davon allein auf den Einzelhandelsumsatz 77 % des gesamten Konsumtionsfonds. Zahlungsfähige Nachfrage und die Qualität und Quantität der dem Bedarf und Geschmack entsprechenden Waren bestimmen heute weitgehend den gesamten Warenumsatz; Veränderungen in der Konsumtionsstruktur werden in Veränderungen der zahlungskräftigen Nachfrage und umgekehrt widergespiegelt und ihre Kenntnis wird zu einer wesentlichen Bedingung des effektiven Wirtschaftsablaufes.

Bei der Festlegung der Proportion zwischen Akkumulation und Konsumtion ist zu beachten, daß die Konsumtion ein aktiver Faktor der erweiterten Reproduktion der Volkswirtschaft ist. Es gilt nicht nur, daß ein höherer Nutzeffekt der Investitionen wirksamer sein kann als die Erhöhung der Akkumulation an sich, sondern daß auch die Verbesserung des Konsumtionsniveaus — dynamisch betrachtet — zur Verbesserung der Produktivität, zu höheren Leistungen in der gesamten Volkswirtschaft und damit zu einer rationellen Ausnutzung des Arbeitsvermögens der Werktätigen führt. In diesem Sinne sprechen wir auch von Konsumtionseffektivität.[1]

5. Von erheblicher Bedeutung ist jedoch auch die relativ genaue Einschätzung des Mehrproduktes und seiner Verwendung. Das Mehrprodukt ist die entscheidende Quelle der Akkumulation, der gesellschaftlichen Konsumtion und erheblicher Teile der individuellen Konsumtion, vor allem des Zuwachses. Damit richtig mit dem Mehrprodukt gearbeitet werden kann, muß seine faktische Größe und seine materielle Struktur annähernd bekannt sein und relativ genau ausgewiesen werden. Dazu genügt keineswegs die bisherige statistische Analyse des Aufkommens des Bruttoproduktes und seiner Wertbestandteile nach Zweigen. Vielmehr ist es notwendig,

a) die annähernde Größe des Mehrprodukts durch Korrekturen, die sich aus der Erhöhung des Wertes der Grundmittel und aus der Grundmittelumbewertung ergeben zu bestimmen, und

b) auch endgültig nicht absetzbare Bestände oder ihr Realisierungsverlust vom Mehrprodukt abzusetzen.

[1] Siehe hierzu G. Mittag, „Probleme des Nationaleinkommens und der wissenschaftlichen Führungstätigkeit in der zweiten Etappe des neuen ökonomischen Systems der Planung und Leitung", „Die Wirtschaft", Beilage zur Ausgabe 5/1966

Schließlich müssen Methoden gefunden werden, mittels denen man auch die stoffliche Struktur des Mehrprodukts nach seinen Verwendungszwecken in die Hand bekommt. Die Möglichkeit einer rationellen Verwendung des Mehrprodukts hängt ab:

— vom wissenschaftlich-technischen Niveau des hinter dem Mehrprodukt stehenden Erzeugnisses,

— von der Dauer der Zeitperiode seiner Realisierung und damit vom Tempo seiner Produktionswirksamkeit,

— vom Ausmaß evtl. auftretender ökonomischer Verluste (in der Lagerhaltung etc.),

— vom Grad der Optimalität des ökonomischen Austausches (Außenhandel, internationale Transportprobleme etc.), aber auch

— vom rationellen Umgang und der richtigen Ausnutzung der Mittel und Einrichtungen für die gesellschaftliche Konsumtion.

(Die hier angeführten Beispiele deuten nur das Problem an).

6. Ein wesentliches Kriterium für die Effektivität der Volkswirtschaft ist der Grad der Realisierung der Produkte. Die Tatsache, daß ein Teil des Produkts sich in überhöhten Beständen darstellt, zeigt, daß Effektivitätsverluste existieren. Daraus ergeben sich zwei Aufgaben. Einerseits die Notwendigkeit genauer Analysen der volkswirtschaftlichen Reproduktion, insbesondere des Nationaleinkommenszuwachses, andererseits auf dieser Grundlage das Ausfindigmachen geeigneter Methoden zur Überwindung von Disproportionen im Verhältnis von Kauffonds: Warenfonds, soweit es sich um zeitweilige ökonomische Fragen handelt. Viel bedeutender ist jedoch die Verhinderung von Realisierungsverlusten z. B. durch Überwindung veralteter Konsumtionslinien etc. Es darf nicht übersehen werden, daß auch im Bereich der Konsumtion außer dem physischen Verschleiß moralischer Verschleiß erfolgt.

Fallende Absatzziffern auf Grund der Marktsättigung verschlechtern die Reproduktionsbedingungen und lassen sich ökonomisch für die Produzenten nur durch rechtzeitige planmäßige Produktionsumstellungen, Konzentration der Produktion oder Gewinnen neuer Verbraucher, Aufschluß neuer Märkte etc. abfangen. Mit welcher Wucht sich z. B. Erscheinungen der Marktsättigung und der Verschiebung der Nachfragestruktur auf dem Markt für individuelle Konsumgüter bemerkbar machen, zeigen folgende Beispiele der Veränderung der Warenbereitstellung in unserer Republik in den Jahren von 1960 bis 1964:

Motorräder — Rückgang um $^2/_3$ des Volumens,

Rundfunkempfänger — Rückgang um mehr als $^2/_3$,

Waschmaschinen — Anstieg auf das Doppelte,

Kühlschränke — Anstieg auf das Doppelte.

Demgegenüber steht eine nahezu gleichbleibende Warenbereitstellung bei Lederschuhen, Möbeln etc.

Es ist klar, daß damit die betreffenden Zweige vor sehr unterschiedliche ökonomische Probleme gestellt werden. Das sorgfältige Studium der Nachfragekomponenten und der Absatzsituation überhaupt wird zu einer wesentlichen Grundlage der Planung.

Zur Außenwirtschaftspolitik

Ein weiterer bedeutender Ansatzpunkt zur Gestaltung eines optimalen Planes, der Festlegung einer langfristigen Strategie und damit für die Gestaltung der Hauptproportionen ist die Einbeziehung internationaler ökonomischer Einflüsse in den inneren Reproduktionsprozeß.

1. Die angestrebte Investitionspolitik muß vor allem auch unter dem Blickwinkel der Schaffung stabiler Märkte für den Absatz der Produkte durchgeführt werden. Dies erfordert von der Exportindustrie Entwicklung in Kosten und Qualität weltmarktfähiger Erzeugnisse.

2. Es ergibt sich insbesondere die Notwendigkeit, die langfristigen Linien des Imports und Exports auf der Grundlage qualifizierter ökonomischer Berechnungen festzulegen. In diesem Zusammenhang gewinnen internationale Vergleiche auf dem Gebiet der Arbeitsproduktivität, der Investitionen etc. als Voraussetzung für Kooperations- und Spezialisierungsprozesse immer größere Bedeutung.

3. Für die Ermittlung der Effektivität unserer Volkswirtschaft unter dem Blickwinkel der Aufdeckung der Ansatzpunkte für die Steigerung der Effektivität ist die Kenntnis des Arbeitsaufwandes für Ex- und Importgüter erforderlich. Obwohl der Import und Export auf alle Phasen des Reproduktionsprozesses einwirkt, ergibt sich letzten Endes eine besondere Wirkung auf das Mehrprodukt. Alle Produktivitätsverluste bzw. -gewinne senken oder steigern das inländische Mehrprodukt. Wir müssen diese Wirkung einzuschätzen lernen, um Vorteile besser nutzen zu können. Nur über exakte Analysen dieses Vorganges werden wir auch das verfügbare Nationaleinkommen exakt ermitteln können, das letzten Endes auch als die Grundlage der Aufteilung des Nationaleinkommens auf Akkumulation und Konsumtion dient.

4. Es steht auch die Aufgabe, zu neuen Fragen der Akkumulation konzeptionelle Vorstellungen zu entwickeln, die sich aus der Tatsache der zunehmenden Internationalisierung des Reproduktionsprozesses ergibt. Hierbei handelt es sich z. B.

a) um Probleme der Koordinierung bedeutender strukturbestimmender Investitionsprozesse zwischen den nationalen Volkswirtschaften der sozialistischen Länder, damit auch eine hohe internationale Wirkung zustande kommt,

b) um neue Fragen internationaler Kooperation — vor allem zwischen den sozialistischen Ländern — die mit der wachsenden Spezialisierung zusammenhängen.

Wir stehen bei der Bestimmung des Planansatzes vor der Aufgabe, eine solche perspektivische stabile Struktur der Exportproduktion aufzubauen, nach der wir in bedeutendem Maße Erzeugnisse exportieren, deren Erzeugniseigenschaften dem wissenschaftlich-technischen Höchststand entsprechen, deren Produktion selbst auf einem Höchstniveau an Produktivität erfolgt und daher international vergleichsweise die niedrigsten Kosten aufweist oder anstrebt und bei denen wir vom Aspekt der wissenschaftlich-technischen Weiterentwicklung und der ökonomischen Bedingungen diese Erfordernisse auch für einen längeren Zeitraum einhalten können. Demgemäß ist eine solche Strukturentwicklung des Imports möglich und erforderlich, die unsere Volkswirtschaft langfristig stabil mit solchen Produkten versorgt, die wir entweder aus Naturumständen gar nicht selbst erzeugen können oder deren Eigenerzeugung auf die Dauer nicht mit einem Höchstmaß an Produktivität und ökonomischen Ergebnis gesichert werden kann bzw. deren Import uns eine bedeutend raschere Effektivitätssteigerung ermöglicht, als dies beim Aufbau der Eigenerzeugung der Fall sein könnte. Für uns ist die Außenwirtschaft kein einfacher Zusatzfaktor der Reproduktion, sondern von entscheidender Bedeutung für den Gesamtmechanismus der inneren Reproduktion. Die Bestimmung der Ansatzpunkte Investitionen, einschließlich Wissenschaftskosten und Bildung, der Konsumtion (einschließlich Einkommenspolitik) ist nicht denkbar, ohne die Außenwirtschaft voll als aktiven Faktor in die Betrachtung einzubeziehen.

Die *Außenwirtschaftswirkungen* sind die wesentlichsten hinsichtlich der gebrauchswertmäßigen und wertmäßigen Modifikation des produzierten Nationaleinkommens gegenüber dem im Inland verfügbaren. Dies wiederum, d. h. sein Niveau und Wachstum, ist letztlich interessant für die Akkumulations- und Konsumtionspolitik.

Literaturverzeichnis

Karl Marx, „Das Kapital“, Dietz Verlag, Berlin 1965, Bd. II

Walter Ulbricht, „Geistiges Schöpfertum in der Periode des umfassenden Aufbaus des Sozialismus“,
Aus der Rede auf der 9. Tagung des ZK der SED
„Probleme des Perspektivplans bis 1970“
Aus dem Referat auf der 11. Tagung des ZK der SED,
in: „Zum neuen ökonomischen System der Planung und Leitung“,
Dietz Verlag, Berlin 1966

Günter Mittag, „Probleme des Nationaleinkommens und der wissenschaftlichen Führungstätigkeit in der zweiten Etappe des neuen ökonomischen Systems der Planung und Leitung“,
„Die Wirtschaft“, Beilage zur Ausgabe 5/1966

Werner Kalweit, „Sozialistische Planwirtschaft und Warenproduktion – zur Ausnutzung der ökonomischen Gesetze beim umfassenden Aufbau des Sozialismus unter den Bedingungen der technischen Revolution“
(Konferenzreferat)

Herbert Wolf, „Probleme und Entwicklungslinien wissenschaftlicher Planung der Volkswirtschaft beim umfassenden Aufbau des Sozialismus in der DDR“
(Konferenzreferat)

Gerhard Friedrich, „Probleme der Wirtschaftsführung in den VVB und Betrieben unter Berücksichtigung der differenzierten Reproduktionsbedingungen“
(Konferenzreferat)

Soziologische Aspekte der Arbeitskräftebewegung

Internationales Kolloquium – Berlin, Juni 1966

Gesammelte Beiträge

Herausgegeben von

Kurt Braunreuther, Fred Oelssner, Werner Otto

(Schriften des Instituts für Wirtschaftswissenschaften
bei der Deutschen Akademie der Wissenschaften zu Berlin, Nr. 24)

1967. 437 Seiten – 10 Abb. – 66 Tab. – gr. 8° – MDN 18,–

Diese empirisch-theoretische Arbeit zum Problem der Arbeitskräftebewegung enthält 26 wissenschaftlich redigierte Beiträge von Soziologen, Psychologen und Wirtschaftspraktikern der UdSSR, ČSSR, Polens, Rumäniens, Ungarns, Jugoslawiens und der DDR sowie eine nach wissenschaftspolitischen Gesichtspunkten ausgewählte Bibliographie.

Die einzelnen Beiträge wurden zu folgenden Schwerpunkten der soziologischen Erforschung der Arbeitskräftebewegung erarbeitet:

1. Soziale Struktur der Stammbelegschaft und die Fluktuation.
2. Der Zusammenhang gesellschaftlicher, betrieblicher und individueller Faktoren in der Arbeitskräftebewegung.
3. Möglichkeiten der Beeinflussung menschlichen Verhaltens am Beispiel der Fluktuation von Beschäftigten.
4. Das Verhältnis weiblicher und jugendlicher Beschäftigter zur Arbeit und zum Beruf und dessen Auswirkungen auf die Fluktuation.

Bestellungen durch eine Buchhandlung erbeten

AKADEMIE-VERLAG · BERLIN

FSC
www.fsc.org
MIX
Papier | Fördert gute Waldnutzung
FSC® C083411

Kolibri 360 GmbH
Ferdinand-Jühlke-Straße 7
99095 Erfurt, Deutschland
produktsicherheit@kolibri360.de